VENTE
Du Jeudi 22 Avril 1897
HOTEL DROUOT, SALLE Nᵒ 11
A deux heures un quart

BEAUX MEUBLES D'ART

ARMOIRES. ENCOIGNURES. TABLES. GLACES. SIÈGES
Louis XV et Louis XVI

REMARQUABLE CHAMBRE A COUCHER STYLE RENAISSANCE

DEUX PIANOS D'ÉRARD

GRAND MEUBLE-BUREAU AMÉRICAIN

BRONZES, PORCELAINES, IVOIRES

Jolie Aiguière et Plateau en cristal de roche, monture émaillée

ARGENTERIE, ORFÈVRERIE, BIJOUX

Tableaux — Dessins — Miniatures

FUSILS DE CHASSE

Mᵉ **TERNISIEN**	**M. A. BLOCHE**
Commissaire-Priseur	*Expert près la Cour d'appel*
10, Rue de Chantilly, 10	28, Rue de Châteaudun, 28

EXPOSITION PUBLIQUE
Le Mercredi 21 Avril 1897
DE 2 HEURES A 6 HEURES

IMPRIMERIE ARTISTIQUE

E. MÉNARD & C"

Bureaux et Ateliers   Paris — 8, Rue Milton

CONDITIONS DE LA VENTE

La vente sera faite *expressément* au comptant.

Les acquéreurs payeront en sus des adjudications *cinq pour cent.*

L'exposition mettant le public à même de se rendre compte de l'état des objets, il ne sera admis aucune réclamation une fois l'adjudication prononcée.

DÉSIGNATION

Objets d'Art & Argenterie

1 — Très jolie petite aiguiere avec son plateau
en cristal de roche gravé, dessin à motifs d'ornements et oiseaux chimériques ; monture en
argent finement ciselé, doré et émaillé enrichie
de piérreries offrant des cariatides, des masca-
rons, des griffons et des ornements. Travail
remarquable, attribué au XVIe siècle.

2 — Bague marquise en or, enrichie d'une
grosse turquoise entourée de brillants.

3 — Miniature : Portrait d'enfant Louis XV.

4 — Écri oire en argent. Ier Empire.

5 — Miniature : Portrait de femme.

6 — Bonbonnière en écaille avec gouache à l'intérieur.

7 — Tunique brodée.

8 — Breloque en argent : Petit cerf.

9 — Beau brule-parfums de Satzuma, décor aux coqs, couvercle surmonté d'une chimère.

10 — Deux petites broderies de soie et de métal : portraits de femmes.

11 — Paire de vases hexagonales en laque de Pékin, décor personnages et envolées de cigognes.

12 — Petit écran en bois sculpté, décor en relief représentant le dieu de la Longévité. Travail chinois.

13 — Deux bouteilles en verre gravé de Hollande.

14 — Deux panneaux en taffetas peints de Chine :
paysages et volatiles.

15 — Stéreoscope avec vues photographiques.

16 — Cinq feuilles d'éventails, sujets chinois.

17 — Médaillon rond en biscuit, offrant en relief
la tête d'une femme. Ier Empire.

18 — Lot de bâtons d'encre de Chine, décors
variés.

19 — Tête de chimère en ivoire sculpté.

20 — Cinq Netzukés anciens.

21 — Cinq Netzukés anciens.

22 — Boite en Jade blanc ovale.

23 — Cendrier rond en Jade blanc.

24 — Grand masque de femme en ivoire.

25 — Tète de mort en bois sculpté.

26 — Pot à thé, couvercle argent.

27 — Inro en ivoire sculpté.

28 — Bonbonnière ronde en émail cloisonné de la Chine.

29 — Pitong en ivoire avec incrustation de nacre et laque d'or.

30 — Très joli coupe-papier en ivoire avec incrustations de nacre et laqué d'or.

31 — Groupe de singes en bois sculpté.

32 — Brûle-parfum avec personnages en relief, décor très fin.

33 — Bol en ancien Satzuma.

34 — Figurine en Satzuma, femme assise décor en relief.

35 — Théière en Satzuma.

36 — Cinq porte bouquets en verre de Venise décor à chimères et animaux fantastiques.

37 — Deux brûle-parfums en argent, travail ancien.

38 — OEuf en écaille et or.

39 — Deux miniatures.

40 — Bonbonnière en cuivre émaillé.

41 — Éventail monture en nacre.

42 — Éventail monture en écaille.

43 — Canne algérienne en ébène avec incrustations.

44 — Saucière, tasse et soucoupe et pot à lait en porcelaine de Sèvres.

45 — Jolie jardinière en argent ciselé à nœuds de rubans. Style Louis XVI.

45 — Deux plateaux forme coquilles en argent.

46 — Deux carafes en cristal taillé à côtes, monture en argent ciselé. **Style Louis XV.**

47 — Compotier en cristal taillé, monture en ver-
meil ciselé. Style Louis XVI.

48 — Huilier an argent. Époque 1er Empire.

49 — Porte-bouteilles forme charrette enguir-
landée de vigne, en métal argenté, de la maison
Christophle.

50 — Soupière en métal argenté, d'Odiot.

51 — Deux sceaux à champagne anciens, en
métal argenté.

52 — Cafetière en métal argenté 1er Empire.

53 — Saucière avec plateau adhérent en argent
ciselé. Style Louis XV.

54 — Six salières en argent ciselé. Style
Louis XVI.

55 — Légumier en argent, poignée forme fruit.

56 — Plat ovale en argent à contours. Style
Louis XV.

57 — Deux plats ronds même modèle.

58 — Fusil de chasse hamerless à éjecteur, canon, signé Dodson.

59 — Fusil de chasse hamerless, canon, signé Greener.

60 — Appareil de photographie.

61 — Fusil de chasse.

62 — Cachet en ivoire sculpté, avec figures, monture en argent.

63 — Violoncelle ancien de Septimus.

Meubles — Bronzes

64 — Très bel ameublement de chambre à coucher en noyer sculpté, à **groupes** d'amours, **grands enroulements** et **motifs** variés, **style de la Renaissance**, composé d'un lit de milieu, une armoire à glace biseautée, **une table de nuit et un bureau à étagère**.

65 — Glace biseautée avec cadre en noyer sculpté à amours et à guirlandes. Style Renaissance.

66 — Grand bureau américain en thuya, se développant en tryptique. Meuble curieux et pratique.

67 — Table de salon en noyer sculpté à rocailles et personnages. Style Louis XV, dessus marbre griotte.

68 — Pendule Louis XVI en bronze ciselé et doré à guirlandes, surmontée d'un vase. Cadran signé Mannheim à Paris.

69 — Garniture de cheminée Louis XVI en bronze doré et marbre blanc à amours composée d'une pendule et de deux candélabres à six lumières. Cadran signé Balthazar à Paris.

70 — Grande lampe de parquet en cuivre poli.

71 — Suspension de salle à manger en cuivre à douze bougies et une lampe.

72 — Fauteuil Dagobert en noyer sculpté à tête de satyre et d'amours.

73 — Piano en palissandre avec filets de cuivre, d'Erard.

74 — Piano droit d'Erard.

75 — Bureau en acajou.

76 — Grand canapé en velours bleu.

77 — Belle armoire à glace en acajou, garnie de cuivre, Louis XVI.

78 — Table de nuit même travail.

79 — Fauteuil de bureau en acajou.

80 — Deux encoignures en bois blanc sculpté.

81 — Console en bois sculpté et doré. Style Louis XVI.

82 — Encoignure en marqueterie.

83 — Glace avec fronton en bois sculpté.

84 — Cave à liqueurs.

85 — Armoire à glace en bois noir s'ouvrant à une porte.

86 — Armoire à glace en acajou s'ouvrant à deux portes.

87 — Encoignure.

88 — Paire d'appliques Empire à quatre lumières parties dorées.

89 — Deux flambeaux Louis XVI en bronze doré, socle en marbre.

90 — Statuette en composition polychromée représentant une japonaise tenant un plateau, grandeur naturelle. Signé Ch. Massé.

91 — Statuette en composition : Le Siffleur, de Ch. Massé.

92 — Statuette de Clown, de Ch. Massé.

93 — Paire de vases en porcelaine d'Allemagne, décor à personnages.

94 — Paire de vases d'Allemagne, décor dans le goût de Watteau.

95 — Groupe en bronze : le Myosotis, de Mathurin Moreau.

96 — Statuette en biscuit, sujet Louis XVI.

97 — Paire de vases en marbre, montés en bronze.

98 — Deux bouts de table en porcelaine de Saxe avec figurines.

99 — Paire de girandoles en bronze.

100 — Buste en bronze représentant l'Augure.

Tableaux, Dessins, Miniatures

101 — COCHIN. *Paysage*. Dessin.

102 — DEVERIA. *Scène de genre.*

103 — DECOENE. *Chasseur demandant son chemin.*

104 — DIDIER (Alfred). *Paysage d'Algérie.*

105 — ÉCOLE ITALIENNE. *Paysage.* Deux gouaches.

106 — GAUTIER (Amand). *Raie et merlans sur un étal.*

1J7 — JACQUE (CHARLES). *Moutons au bord d'une rivière*. Dessin au crayon.

108 — BROWN (LÉVYS). *Scène de chasse*. Aquarelle.

109 — MAGNUS. *Paysage*.

110 — PETIT. *Fleurs*. Aquarelle.

111 — PHILIPOTOT. Fantaisie. Dessin.

112 — PILLE (HENRI). *Scène moyen-âge*. Dessin à la plume.

113 — VAN-BALEN. *L'Assomption*. Très intéressant tableau avec oiseaux et objets d'art.

114 — WORMS. *Espagnol sur un âne*. Aquarelle.

115 — Grande miniature. cadre ovale, Madame Adélaïde, fille de Louis XV.

116 — Grande miniature; cadre ovale Louis XV. Jeune fille d'après Greuze.

117 — Sujet. Mme de Folleville jouant de la harpe.

118 — Portrait de Mme de Villeneuve.

119 — Portrait de princesse polonaise.

120 — Mme de Lamballe, cadre sur peluche grenat.

121 — Petit sujet. L'amour frivole.

122 — Bonbonnière avec portrait de femme.

123 — Objets omis.